BEI GRIN MACHT SICH IHR WISSEN BEZAHLT

- Wir veröffentlichen Ihre Hausarbeit, Bachelor- und Masterarbeit

- Ihr eigenes eBook und Buch - weltweit in allen wichtigen Shops

- Verdienen Sie an jedem Verkauf

Jetzt bei www.GRIN.com hochladen und kostenlos publizieren

Industrie 4.0 und ihre Auswirkungen auf das Qualitätsmanagement

Tim Vogler

GRIN ☺

Bibliografische Information der Deutschen Nationalbibliothek:

Die Deutsche Nationalbibliothek verzeichnet diese Publikation in der Deutschen Nationalbibliografie; detaillierte bibliografische Daten sind im Internet über http://dnb.d-nb.de abrufbar.

ISBN: 9783346580221
Dieses Buch ist auch als E-Book erhältlich.

© GRIN Publishing GmbH
Nymphenburger Straße 86
80636 München

Druck und Bindung: Books on Demand GmbH, Norderstedt Germany
Gedruckt auf säurefreiem Papier aus verantwortungsvollen Quellen

Das Buch bei GRIN: https://www.grin.com/document/1167858

Hochschule Fresenius

Fachbereich onlineplus

Studiengang: Wirtschaftsingenieurwesen Wirtschaft und Management (M.Eng.)

Hausarbeit

Die Auswirkungen der Industrie 4.0

auf das Qualitätsmanagement

Tim Vogler

Modul: Qualitätsmanagement

Inhaltsverzeichnis

Abbildungsverzeichnis

Tabellenverzeichnis

Abkürzungsverzeichnis

ASQ	American Association for Quality
BCG	Boston Consulting Group
BMW	Bayerische Motoren Werke AG
CAQ	computer-aided quality assurance
CPPS	cyber-physischen Produktionssystemen
CPS	Cyber-physisches System
DGQ	Deutsche Gesellschaft für Qualität
ERP	Enterprise Resource Planning
IIoT	Industrial internet of things
IT	Informationstechnik
OG	Quality Gates
QC	Quality Channel
QM	Qualitätsmanagement
QMS	Qualitätsmanagementsystems
SWOT	Strengths, Weaknesses, Opportunities, Threats
WE	Wareneingang

1 Einleitung

„Qualität 4.0 ist mit einer der wichtigsten Schlüsselfaktoren für eine erfolgreiche Umsetzung von Industrie 4.0" (Fulga-Beising, 2019, S. 21)

Die Begrifflichkeit „Industrie 4.0" steht für Digitalisierung, der Gewinnung und Nutzung von Daten in Echtzeit, der übergreifenden und weit vernetzten Informations- und Kommunikationstechnologie innerhalb der flexiblen Produktion und des gesamten Unternehmens. Unternehmen müssen zum weiteren Fortbestehen am Markt und im Wettbewerb die Schwelle zur vierten industriellen Revolution überschreiten.

Eine Umfrage der „Deutsche Gesellschaft für Qualität, American Association for Quality und der Boston Consulting Group" Anfang 2019 kam zu dem Ergebnis, dass die neuen Technologien nur einen Teil der Transformation ausmachen werden. Des Weiteren wird Qualität 4.0 jegliche Unternehmungen, u.a. in der gesamten Wertschöpfungskette, stark beeinflussen (Küpper, et al., 2019).

Dazu kommt, dass das Bewusstsein, Erreichen und Einhalten von Qualitätsanforderungen auch in Zukunft eine große Rolle für Unternehmen spielen wird, sodass das Qualitätsmanagement nicht nur die Aufgabe und Verantwortung darüber weiterhin trägt, sondern auch, dass das Qualitätsmanagement in Form der Begrifflichkeit „Qualität 4.0" einen entscheidenden und wichtigen Einfluss auf die erfolgreiche Umsetzung der Industrie 4.0 hat. Es stellen sich dazu die Fragen, an welchen Stellen das Qualitätsmanagement als Schlüsselfaktor die Industrie 4.0 umsetzten kann und wie diese sich auf die einzelnen Phasen und Methoden des Qualitätsmanagement auswirken.

Die Forschungsfrage, die mit dieser literaturbasierten Hausarbeit beantwortet werden soll, lautet: Welche Auswirkungen hat die Industrie 4.0 auf das Qualitätsmanagement und dessen einzelne Phasen?

Zu Beginn werden Grundlagen zu den immer wieder auftretenden Begriffen Qualität, Qualitätsmanagement und Industrie 4.0 gelegt. Bevor die Auswirkungen der Industrie 4.0 auf die einzelnen Teile des Qualitätsmanagements aufgezeigt und beschrieben werden, wird im Kapitel zu den Grundlagen, der Bedarf und die Bedeutung an einer Umstellung beschrieben. Im Anschluss werden die Auswirkungen von Industrie 4.0 auf die einzelnen Bereiche des QM beschrieben sowie sich daraus ergebende Chancen und Risiken betrachtet. Nach einer abschließenden Zusammenfassung folgt das Fazit mit einem Ausblick in die Zukunft.

2 Grundlagen

2.1 Begriffsdefinition Qualität

Aufgrund der Häufung des Begriffs Qualität in den folgenden Kapiteln erfolgt zunächst eine kurze Begriffsdefinition:

Qualität ist nach der ISO 9000 der „Grad, in dem ein Satz inhärenter Merkmale alle Anforderungen erfüllt" (DIN EN ISO 9000:2005 in Benes & Groh, 2017, S. 37)

Der nicht absolute Begriff Qualität, welche auch keine physikalische Größe ist (Benes & Groh, 2017, S. 40), kann auch definiert werden als die Erfüllung und Übereinstimmung der realisierten Beschaffenheit in Bezug auf die gesetzten (An-)Forderungen (Geiger & Kotte, 2008, S. 4).

2.2 Qualitätsmanagement

Die DIN EN ISO 9000:2015 definiert das Qualitätsmanagement (QM) als „System für die Festlegung der Qualitätspolitik und von Qualitätszielen sowie zum Erreichen dieser Ziele" (DIN EN ISO 9000:2015 in Benes & Groh, 2017, S. 99).

Das Qualitätsmanagement bündelt alle Aktivitäten zur Erreichung der von der Geschäftsleitung vorgegebenen Ziele. Das Qualitätsmanagement beinhält „aufeinander abgestimmte Tätigkeiten zum Leiten und Lenken einer Organisation" bezüglich der Qualität (Geiger & Kotte, 2008, S. 4). Qualitätsmanagement soll den Aufbau und Ablauf von Prozessen verbessern und dadurch ein möglichst optimales Ergebnis erzielen.

Um die komplexen Aufgaben des Qualitätsmanagements umsetzen zu können, bedarf es einer Organisationseinheit, dem Qualitätsmanagementsystems (QMS). Ein Qualitätsmanagementsystem besteht aus vier zentralen Aufgaben bzw. Phasen des Regelkreises: Qualitätsplanung, Qualitätslenkung, Qualitätssicherung und Qualitätsverbesserung/-gewinn (Brüggemann & Bremer, 2015, S. 122).

2.3 Industrie und Qualität 4.0

2.3.1 Vorstellung

Aufgrund von fehlenden Standards wird der Begriff der Industrie 4.0 von Unternehmen individuell gestaltet, wodurch viele verschiedene Definitionen vorliegen (Artischewski, 2014, S. 3). Der Begriff Industrie 4.0 wird dabei für alles verwendet, das durch die digitale Transformation beeinflusst wird. Die Industrie 4.0 ist aber viel mehr als die Digitalisierung. Sie steht für die „Vernetzung technischer Systeme in Echtzeit" (Bauernhansl, 2016, S. 12).

Die Komplexität und erforderliche Flexibilität nehmen an Schnelligkeit immer weiter zu und bieten eine große Herausforderung für Unternehmen, die zwingend gelöst werden muss, um weiterhin am Markt bestehen zu können. Die Industrie 4.0 unterscheidet sich dabei von bisherigen Revolutionen durch den starken Einbezug des Internets. Unternehmen müssen jegliche Organisationen und Technologien zusammenführen und vernetzen, was dann schließlich in einer neuen Produktionsstruktur mündet. Eine Grundlage dafür bietet die Entwicklung von Big Data, welches zu einem „vernetzten, intelligenten sowie modularen cyber-physischen Produktionssystemen (CPPS)" führt. Produkte werden schon vor ihrem Herstellungsprozess über Informationen verfügen, die im Zusammenspiel mit dem cyber-physischen System (CPS) den optimalen Weg in der Produktion leitet (Artischewski, 2014, S. 2). Die bisher bestehende zentral gesteuerte Wertschöpfungskette muss aufgelöst werden und in eine dezentral gesteuerte Vernetzung umgewandelt werden (Artischewski, 2014, S. 2).

Erst das Einbringen von übergreifender Vernetzung zwischen Lieferanten, Produktion und Kunden wird die Funktion von Industrie 4.0 darstellen. Es muss eine neue Basis geschaffen werden, in der die bisherigen Geschäftsmodelle überdacht, angepasst oder neu entwickelt werden müssen und wobei dann auch die Kunden in die Wertschöpfungskette einbezogen werden. Ohne diesen Paradigmenwechsel gibt es nach Bauernhansl keine Revolution und die Ziele der Produktivitätssteigerung werden nicht gänzlich erreicht (Bauernhansl, 2016, S. 12 ff.).

Zu den Zielen der Industrie 4.0 gehört nach Fulga-Beising des Weiteren:

- „dynamische, echtzeitoptimierte und selbst organisierende, unternehmensübergreifende Wertschöpfungsnetzwerke zu schaffen,
- um individuelle Kundenwünsche
- zu Kosten einer Massenproduktion erfüllen zu können" (Fulga-Beising, 2019, S. 4)

3

Darüberhinaus wird durch die neuen Gegebenheiten eine sogenannte „Intelligente Fabrik" ergeben, in der auch die Produkte und Produktion „smart" werden müssen, siehe Anhang 1.

2.3.2 Bedarf und Bedeutung

Bevor die Auswirkungen der Industrie 4.0 auf die Elemente des Qualitätsmanagements aufgezeigt werden, wird an dieser Stelle die Bedeutung der Qualität 4.0 auf den Unternehmenserfolg deutlich gemacht.

Die Bedeutung für die Anpassung des Qualitätsmanagements an die Industrie 4.0 und deren Auswirkungen auf die Wertschöpfungskette wurde in einer Umfrage der Deutsche Gesellschaft für Qualität (DGQ), die American Association for Quality (ASQ) und die Boston Consulting Group (BCG) Anfang 2019 durchgeführt. (DGQ, 2019)

Eine wichtige Erkenntnis der Umfrage ist, dass die neuen Technologien nur einen Teil der Transformation erreichen werden. Etwa zwei Drittel der Befragten gab an, dass Qualität 4.0 jegliche Unternehmungen stark beeinflussen wird, wobei aber nur ca. 16% mit der Umstellung auf eine neue Qualitätsstruktur begonnen hat (Küpper, et al., 2019).

In der Umfrage wurde deutlich, dass allen Unternehmern die Bedeutung der Qualität 4.0 auf die Implementierung der Industrie 4.0 bewusst ist. Die Einfluss auf die Wertschöpfungskette wird dabei in Abbildung 1 deutlich. Dabei werden die Fertigung und die Abteilung der Forschung und Entwicklung die Bereiche sein, die am meisten von der Qualität 4.0 beeinflusst werden müssen und davon auch am meisten profitieren werden (Küpper, et al., 2019).

Abbildung 1: Bedeutung von Qualität 4.0 in den Stufen der Wertschöpfungskette

Diese Abbildung wurde aus urheberrechtlichen Gründen von der Redaktion entfernt.

Quelle: Küpper, et al., 2019

3 Auswirkungen der Industrie 4.0

3.1 Qualitätsplanung

„Qualitätsplanung ist der Teil des Qualitätsmanagements, der auf das Festlegen der Qualitätsziele und der notwendigen Ausführungsprozesse sowie der zugehörigen Ressourcen zum Erreichen der Qualitätsziele gerichtet ist" (ISO 9000 in Benes & Groh, 2017, S. 107)

In der Qualitätsplanung geht es also nicht nur um das Planen der qualitätsbezogenen Ziele, sondern um das Festlegen der Qualitätsziele. Sie beinhalten die erforderliche Beschaffenheit der Produkte. Neben den Qualitätszielen an ein Produkt kann das Qualitätsmanagement auch Ziele an verschiedenste Ressourcen, Informationen und Mitarbeiter stellen (Herrmann & Fritz, 2016, S. 16). Innerhalb der Planung werden also des Weiteren die Qualitätsfähigkeiten ermittelt und entwickelt (Bruhn, 2013, S. 68). Dies müsste dann in der Umsetzung auf Industrie 4.0 übertragen werden, weil immer mehr die Maschinen, Prozesse und vor allem Informationen in Form von Daten zum Erreichen der zuvor gestellten Anforderungen an die Produktqualität verantwortlich sind.

„Für die Planungsprämissen entsteht die Herausforderung, dass es keine Anlaufphasen mehr wie in der Massenfertigung gibt und Rüstprozesse stark beschleunigt und automatisiert werden müssen" (Artischewski, 2014, S. 3).

Die bisher meist manuelle Planung muss nun automatisiert vom CPPS-System erfolgen. Dazu müssen im Vorfeld alle Prozesse, Abläufe, Informationen und Beziehungen zerlegt und dem CPS-System zugespielt werden, sodass dieses jederzeit Zugriff auf die Daten hat (Artischewski, 2014, S. 3). Hier könnte schon der erste Hinweis dafür sein, dass eine große Vorarbeit geleistet werden muss, um überhaupt in der Lage zu sein, auf ein solches System umsteigen zu können.

Das zweite Fokusthema in der Qualitätsplanung 4.0 werden die Steuerungsparameter sein, die nun durch die Betrachtungsweise der Losgröße-1 neu ausgelegt werden müssen. Durch die eigenständige Einstellung der Steuerungsparameter durch das vorher mit Informationen bestückte CPPS-System könnten die „Produkt-, Prozess- und Systemparametern" ein Risiko für die Produktqualität bedeuten (Artischewski, 2014, S. 3). Um dieses Risiko nicht aufkommen zu lassen, muss das CPPS-System beispielsweise eine cloudbasierte Steuerung beinhalten bzw. auf ein solches zurückgreifen können und damit mit Hilfe von notwendigen Echtzeitdaten und Verfügbarkeiten die erforderlichen Informationen berechnen (Artischewski, 2014, S. 4 f.). Das Risiko, das sich hierbei wiederum stellt, ist, dass die Datenübertragungen- und Zugriffe zu keinem Zeitpunkt gestört werden dürfen oder sogar ausfallen.

Dies könnte dazu führen, dass fehlerhafte Produkte entstehen und die Produktion ange-halten werden muss. Sollte ein solcher Fall durch falsche Parameter eintreten, muss die Qualitätssicherung in den darauffolgenden Schritten eine Rückmeldung geben. Wenn aber durch die Vernetzung dieser Parameter auch hier ein Qualitätsverlust nicht erkannt wird, besteht die Gefahr, dass die Produkte sogar den Kunden erreichen und sich erst dann als fehlerhaft herausstellen. Auffällig dabei ist, dass das Bestreben nach dem Auflösen einen Risikos wiederum zu einem weiteren Risiko führt und man damit in einen Kreislauf gerät. In diesem Zusammenhang könnte es sinnvoll sein, dass das QM mit Hilfe von SWOT-Analysen die Risiken abwägt und ermittelt. Das bestehende Risiko könnte aber auch bei einer korrekten Handhabung zu den Chancen führen, dass Pro-duktions- und Qualitätsfehler durch Datenanalysen und Prognosen vermieden werden (Ferber, 2015, S. 17).

Das Umstellen auf eine Qualität 4.0 könnte außerdem zu der Situation führen, in der die Qualitätsplanung zu Beginn vollständig ermittelt, entwickelt und umgesetzt wird. Dadurch könnte sich die weitere Chance für das Unternehmen ergeben, dass die Qua-litätsplanung von Anfang an implementiert wird und von da an selbstständig laufen kann, ohne erneut betrachtet oder erneut eingebunden zu werden.

Neben den schon genannten Schritten, Vorgehensweisen und Methoden ist die Verwen-dung eines CAQ-Systems für die Unterstützung des Qualitätsmanagement (z.B. Prüf-planerstellung) hilfreich. Das CAQ-System besteht dabei aus mehreren Modulen, die alle Qualitätsfunktionen in einem Unternehmen abbilden kann und dabei bei einer schnellen und effizienten Verarbeitung große qualitative Datenmengen analysieren, aus-werten und transformieren. Für die Phase und die Aufgabe der Qualitätsplanung kann es nicht nur die gewonnen Daten aus der Qualitätsgewinnung, Kapitel 3.4, wieder in die Prozesse eingliedern, sondern z.B. auch ein automatisiertes Prüfmittelmanagement be-treiben (Schmitt & Pfeifer, 2015, S. 419 f.). In dem, durch das CAQ gestützte, Prüfmittel-management kann die „Planung, Verwaltung, Überwachung, Kalibrierung und Fähig-keitsuntersuchung der eingesetzten Prüfmittel" (Schmitt & Pfeifer, 2015, S. 420) vollau-tomatisiert erfolgen und dabei die Aufgaben der Qualitätsabteilung unterstützen und ver-bessern.

3.2 Qualitätslenkung

Die Phase und Bereich der Qualitätslenkung baut auf den Ergebnissen der Qualitätsplanung auf (Bruhn, 2013, S. 68). Die Qualitätslenkung ist ein Bestandteil, und gehört zu den wesentlichen Aufgaben, des Qualitätsmanagements. Sie sind „die vorbeugenden, überwachenden und korrigierenden Tätigkeiten bei der Realisierung der Einheit zur Erfüllung der Forderung an ihre Beschaffenheit" (Benes & Groh, 2017, S. 147).

Durch die Vernetzung der Informations- und Kommunikationstechnologien in den cyber-physischen Systemen, werden in Echtzeit fortlaufend qualitative Prozess- und Produktmerkmalen gesammelt und gespeichert. Das Sammeln dieser Informationen wird Data-Mining genannt. Die Produktionssysteme werden des Weiteren in der Lage sein, Daten auszuwerten und zu sogenannten Prozesswissen zu verarbeiten. Ein Ansatz, der auf diesen Grundlagen umgesetzt werden kann, ist die Jidoka Qualitätslenkung (Lieber, 2018, Abstract). Bei Jidoka handelt es sich um die Entwicklung und Etablierung von automatisierten Prozessen, die die Produktion oder den einzelnen Fertigungsprozess stoppen, sobald ein Fehler oder Problem erkannt wurde (Stellman & Greene, 2019, S. 269). Die Jidoka-Qualitätslenkung ist mit dem Einsatz von CPS ein neuer Lösungsansatz, welcher „anhand einer branchenübergreifenden Kombination selektiv adaptierter Qualitätsmethoden verfolgt" (Lieber, 2018, Abstract).

Das Unternehmen hat nun die Aufgabe ein Data-Mining Modell zu entwickeln, welches zur Übertragung und Anwendung von Untersuchungsansätzen geeignet ist und in die bestehenden Prozesse und Maschinen eingebunden werden kann (Lieber, 2018, Abstract).

Die Qualitätslenkung kann ebenfalls von dem schon in Kapitel 3.1 angesprochenen CAQ-System unterstützt werden und dabei mit Hilfe von Modulen auf folgende Aufgaben unterstützend einwirken:

- Reklamations- und Beschwerdemanagement
- interne Qualitätsaudits
- Lieferantenbeurteilungen (Schmitt & Pfeifer, 2015, S. 421)

3.3 Qualitätssicherung

Die Phase der Qualitätssicherung ist durch die Auswirkungen der Industrie 4.0 am meisten beeinflusst. Die Qualitätssicherung war historisch gesehen das Vorläufersystem zum heutigen Qualitätsmanagement. Aufgrund der inhaltlichen Änderungen wird es nach der ISO 9000 heutzutage wie folgt definiert: „Die Qualitätssicherung ist ein Teil des Qualitätsmanagements, gerichtet auf das Erzeugen von Vertrauen in die Fähigkeit des QM-Systems" (Brüggemann & Bremer, 2015, S. 150). In dieser Arbeit wird aber untersucht, wie die Qualität eines Produktes überprüft und sichergestellt werden kann, damit die Qualitätsanforderungen erfüllt werden und welche Auswirkungen von der Industrie auf die beschriebene Qualitätssicherung eingehen.

„Durch die globale, horizontale und vertikale Vernetzung ergeben sich für die Qualitätssicherung viele neue Möglichkeiten und Herausforderungen" (Artischewski, 2014, S. 4). Eine Grundvoraussetzung, die zum Erreichen der Umsetzung von neuen Möglichkeiten sichergestellt werden muss, ist dabei das Ausschließen von Medienbrüchen, also Fehler bei der Übertragung von ermittelten oder vorliegen Daten. Nach Artischewski können diese zunächst schon vermieden werden, wenn man die Mitarbeiter als Risikofaktoren im Umgang mit den IT-Systemen außenvor lässt.

Indem man derartige Medienbrüche vermeidet, erhält man eine „Echtzeit-Maschinendatenauswertung", die zu einer besseren „Instandhaltung, Prozessüberwachung und Fernwartung" führt. Jegliche Daten können von den Maschinen in einer Datenbank, auch mit anderen Produktionsstandorten, zusammengeführt werden und mit Hilfe von programmierten Analysen von Fehlerursachen und -auswirkungen ist eine „vorausschauende Planung und Wartung durch wertschöpfungskettenübergreifende Frühwarnsysteme möglich" (Artischewski, 2014, S. 4).

Grundvoraussetzung für alle Daten sind, dass sie qualitativ, dezentral gespeichert, jederzeit verfügbar und schnell abrufbar sind. Die dezentrale Cloud muss jederzeit verfügbar sein und Medienbrüche müssen ausgeschlossen werden.

Wenn auch nur eine der Grundvoraussetzungen nicht erfüllt ist, kann es dazu kommen, dass Fehler auftreten, die entweder zu fehlerhaften Produkten führen, die nicht, erst zu spät erkannt werden oder dass Wartungen und Zustände der Maschinen nicht aufgezeigt werden, was dann alles wiederum zu hohen finanziellen Schäden führen kann (Artischewski, 2014, S. 4).

Ein weiterer Faktor in der Qualitätssicherung ist das Expertensystem. Ein Expertensystem ist eine Software mit einer künstlichen Intelligenz, die mit vorliegenden Daten automatisiert neue Ideen und Ansätzen entwickeln und Handlungsempfehlungen herausgeben können (Karst, 1992, S. 1). Anhand der Daten aus den Prozessen und Maschinen können sie Trends aufdecken und Prognosen und Zusammenhänge aufstellen. Diese Outputs können wiederum direkt in das schon vernetzte CPS-System einfließen. (Artischewski, 2014, S. 4). Die Frage, die dabei gelöst werden muss, ist die nach der Entscheidungskraft des wissensbasierten Systems. Des Weiteren sollte die Frage gestellt werden, ob man allein auf die Software vertrauen sollte bzw. ob ein tatsächlicher Experte nicht vorher die Prognosen und voraussichtlichen Entscheidungen des Expertensystems überprüfen sollte. Wie auch der Mensch kann die Software Fehler begehen, die dann, wie auch schon bei den anderen Risiken, große Schäden anstellen kann. Auch wenn das wissensbasierte System eine künstliche Intelligenz besitzt, kann ein Experte möglicherweise andere Lösungen und Ideen herausgeben, auf die die Software nicht kommt.

Simulationen und virtuelle Modelle ermöglichen die Abbildung der gesamten Produktionssystem auf Grundlage von Echtzeitdaten. Sie bieten eine kostengünstige Analyse zu Optimierungen, Inbetriebnahmen und Umstrukturierungen in der Produktion und geben des Weiteren die Chance, dass mit Hilfe der virtuellen Simulationen die qualitativste Lösung gefunden werden kann. Für das QM bedeutet das des Weiteren, dass durch die virtuelle Planung keine Ausschusskosten entstehen, Produktionsrisiken vor Produktionsstart erkannt werden und der Informationstransfer betrachtet werden kann (Artischewski, 2014, S. 4). Dazu kommt, dass ohne das Anhalten der Produktion notwendige Prüfpunkte ermittelt werden können. Je nach Detailierungsgrad einer solchen Simulation oder eines solchen virtuellen Modells kann neben der Prozessqualität eine Vorhersage getroffen darüber getroffen werden, welche Produktqualität am Ende besteht.

Die Produktqualität wird dabei mit Hilfe der Fertigungsmesstechnik, welche wiederum durch die prozessintegrierte Multisensoren-Messtechnik gestützt wird, überprüft. Sie könnte durch die vorhandene und geplante 100-prozentige Prüfung die bisherigen statistischen Stichprobenverfahren ersetzen (Artischewski, 2014, S. 4).

Beispiele für Messtechnik-Sensoren:

- IIoT radargestützte optische Sensoren
- Membranfreie akustische Sensoren
- 3D Scanner mit HD-Genauigkeit (Schueller & Dolan, 2020)

Die einzusetzenden Messsysteme werden vor die Anforderung gestellt, dass sie ein größeres Spektrum an Messkriterien erfüllen müssen. Die Folge daraus ist eine sogenannte Messunsicherheit, was dazu führt, dass Toleranzen immer kleiner ausgelegt werden. Dies führt wiederum zum Ausreißen der Grenzen der Prozessfähigkeit und man landet in einem Kreislauf, der durch das Lockern einer der Punkte immer gestartet wird.

Der Wareneingang (WE) stellt den Beginn des Warenflusses dar, in welchem das Rohteil und die übergreifenden Systeme schon mit Daten gefüllt werden müssen, die eine individuelle Produktion auf einem festgelegten Qualitätsniveau sicherstellen werden. Im Verlauf der Produktion selbst wird es Quality Gates (QG) geben, die miteinander am Quality Channel (QC) vernetzt sind, siehe Abbildung 2 (Artischewski, 2014, S. 5).

Abbildung 2: Verlauf der Qualitätsdaten durch die gesamte Wertschöpfung

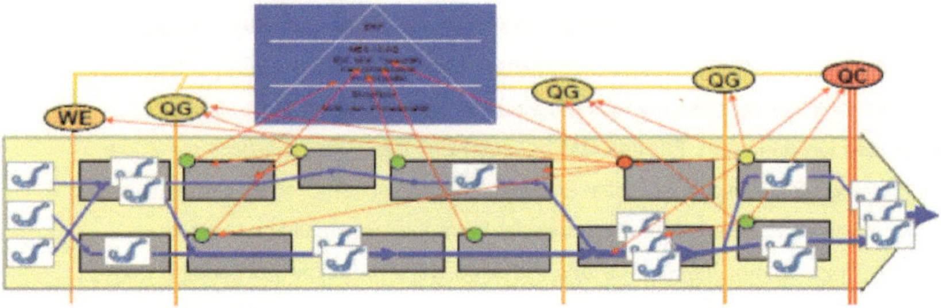

Quelle: Artischewski, 2014, S. 5

Bei einer sogenannten 0-Fehler Produktion, in der es eine 100% automatisierte Überwachung und Dokumentation gibt, ergibt sich die Chance auf das Wegfallen einer Wareneingangskontrolle und somit der Qualitätssicherung an der Stufe der Wertschöpfungskette. Die Voraussetzung dafür ist, dass die Einkaufsabteilung und der jeweilige Lieferant die Rückmeldungen des integrierten, übergreifenden Systems bekommen.

Mit dem Einführen der Fertigungsmesstechnik in Form von Inline-Prüfungen kann es sogar dazu kommen, dass es zu einer noch deutlicheren Trennung zwischen dem Qualitätsmanagement und der Qualitätssicherung kommt, wobei die Qualitätssicherung den praktischen Teil in der Produktion einnehmen wird (Fulga-Beising, 2019, S. 13).

Ein weiterer Fortschritt dazu sind Assistenzsysteme, die die Mitarbeiter mit relevanten Daten bei der Qualitätsprüfung unterstützen. Die Mitarbeiter müssen mit Assistenzsystemen so nun nicht mehr selbst die erforderlichen Qualitätsdaten herausfinden, sondern werden Schritt für Schritt durch die zu erledigenden Aufgaben geleitet. Mit Hilfe der ihnen zur Verfügung gestellten Informationen sind sie für das Erkennen und Vermeiden von Fehlermöglichkeiten verantwortlich.

Das Einbinden von langjährigem Qualitätswissen kann dabei ebenfalls in die unterstützenden Systeme geladen werden. Assistenzsysteme stehen nur vor dem Hindernis des Datenschutzes, der Annahme und Akzeptanz.

Der Autohersteller BMW testet in seinem Werk im US-Bundesstaat South Carolina, ob die Video-Brille Google Glass als Werkzeug des Assistenzsystems die Qualitätssicherung verbessern kann. Die Mitarbeiter machten während ihrer Tests an neuen Fahrzeug-Modellen Fotos oder Videos und schickten diese an die zuständigen Entwicklungsingenieure. Laut BMW bietet Google Glass Vorteile gegenüber der bisherigen Praxis. Bei der schriftlichen Dokumentation seien Problembeschreibungen zu ungenau ausgefallen. Ungefähr in einem von vier Fällen hätten die Entwicklungsingenieure Rückfragen stellen müssen. Geplant sei zudem, in dem US-Werk in Spartanburg auch Videotelefonie über Google Glass zu testen. Dann könnten die zuständigen Fachleute sich die gefundenen Fehler nicht nur direkt ansehen, sondern auch mit den Prüfern diskutieren (Redaktion QZ, 2015). Die Brille Google Glass kann unter anderem Fotos und Videos aufnehmen und via Internet verschicken. Zudem lassen sich vor den Augen des Trägers Informationen aus dem Internet einblenden, etwa Beispiel Karten oder Nachrichten. Diese Funktion will BMW künftig ebenfalls nutzen, und zwar bei der Abarbeitung standardisierter Prüfpläne in der Endmontage von Serienautos. Bisher müssten sich die Mitarbeiter während der Prüfung zwischen dem untersuchten Wagen und einem Computer-Terminal, an dem die Ergebnisse eingetragen werden, hin und her bewegen. Mit Google Glass könnten die Angestellten am Fahrzeug bleiben, sich die Prüfpläne im Display der Datenbrille anzeigen lassen und diese per Sprachsteuerung durcharbeiten (Redaktion QZ, 2015).

Weitere Beispiele für Assistenzsystemen können der Tabelle 1 entnommen werden.

Tabelle 1: Beispiele für Assistenzsysteme

Informative Systeme	Physische Systeme
Pick-to-Light Systemen	tragbaren Hebehilfen
visuellen-, gesten- und Sprachsteuerungen	Exoskelette
haptische Force-Feedback-Systeme	
Erweiterte Reality	

Eine Zusammenfassung und Übersicht zu Werkzeugen und Methoden, die nun in der Qualitätssicherung 4.0 an Relevanz erhalten, befindet sich im Anhang 2.

3.4 Qualitätsgewinn

„Der Qualitätsgewinn ergibt sich hauptsächlich aus der kontinuierlichen Datenrückführung in Echtzeit". Viele Daten werden bislang nur aus den Gründen der Dokumentation, für Reklamationen und „Post-Prozess-Qualitätssicherung erhoben" (Artischewski, 2014, S. 6).

Indem es zu einem Austausch bereits erfolgreicher Vorgehensweisen und Problemlösungen im übergreifenden Netzwerk kommt, können nach Artischewski bisher schwer erkennbare Einflüsse auf folgende Merkmale erkannt und über Diagnosen verbessert werden:

- „Prozess- und Qualitätsoptimierung
- Qualitätssicherung
- Verschwendungsreduktion
- Verringerung des Energieverbrauchs
- Risikoreduktion" (Artischewski, 2014, S. 6)

Darüber hinaus könnte es eine wichtige Grundlagen für das weitere Leben des Qualitätsmanagement sein, indem die Mitarbeiter entsprechend der erforderlichen Neuorientierung geschult und qualifiziert werden. Dies könnte ebenso auf der Ebene vollzogen werden, in der die gewonnenen Erkenntnis nach den ersten Einführungen neuer Qualitätsmethoden- und Werkzeugen, aufgearbeitet werden und für die weiteren Schritte mit den Mitarbeitern durchgegangen werden, sodass das Bewusstsein für die Qualität 4.0 weiterwächst und im gesamten Unternehmen verinnerlicht wird.

4 Zusammenfassung und Fazit

Wie schon in der Einleitung durch ein Zitat von Fulga-Beising belegt, ist die Qualität 4.0 ist mit einer der wichtigsten Schlüsselfaktoren für eine erfolgreiche Umsetzung von Industrie 4.0. Den Unternehmen ist dieser Sachverhalt zwar oft bekannt, dennoch ist der Umstieg und Umsetzung auf die Industrie 4.0 mit Hilfe des Qualitätsmanagement bisher noch nicht absolut gelungen.

Auf das Qualitätsmanagement und seine Phasen der Qualitätsplanung, Qualitätslenkung, Qualitätssicherung und des Qualitätsgewinn wirken nicht nur unterschiedliche Chancen und Risiken, siehe Übersicht im Anhang 3, sondern auch verschiedenste Auswirkungen, die ein Umdenken und Neuausrichten erfordern.

In der Qualitätsplanung wird es vorrangig um das Einfließen von Informationen in die übergreifenden, vernetzten Systemen gehen. Wobei Steuerungsparameter auch in den Systemen festgelegt werden müssen, die in den automatisierten Produktionsprozessen u.a. das nun smarte Produkt regeln.

Die Qualitätslenkung wird dem Ansatz des Jidokas versehen. Dieser verfolgt, dass automatisierte Prozesse so geregelt sind, dass wenn Probleme oder Fehler auftreten, die Produktion gestoppt wird. Dabei ist es anzustreben, dass das entdeckte Problem selbstständig durch das System gelöst wird.

Die Qualitätssicherung in der Phase der Überprüfung und Kontrolle der Qualitätsanforderungen wird durch die Auswirkungen der Industrie 4.0 am meisten beeinflusst. Durch bspw. Expertensysteme, Inline-Prüfungen, Simulationen und Mess-Sensorik-Systemen ist die Qualität 4.0 in der Lage größtenteils, ohne den menschlichen Einfluss, die vorher festgelegten Qualitätsanforderungen zu erfüllen.

Zum Schluss wird die Qualitätsgewinnung maßgeblich davon ausgehen, dass die, in den Prozessen gewonnen, Daten eine kontinuierliche Rückführung erleben, sodass das System sich fortlaufend selbst verbessern und erweitern kann.

Das Qualitätsmanagement und seine Phasen sind nicht mehr durch eine direkte physischen Kontrolle und Sicherstellung der Qualität gekennzeichnet, sondern werden durch die Qualität, Führen und Sicherstellen von Daten geprägt.

Weitere Fragen, die sich nach der Bearbeitung der Auswirkungen aufkommen, sind u.a.:

- In keiner der benutzen Literaturquellen wird auf die Entwicklung und Einführung von Standards gesprochen: Wo sind die Normen und Standards, die das Qualitätsmanagement in der Industrie verfolgen muss, wann kommen diese und was beinhalten sie?

- Werden Qualitätsbegriffe nochmal neu definiert aufgrund der teilweise starken Veränderungen in den Bereichen der Produktion?

- Wie erfolgreich werden Unternehmen und ihre Qualitätsmanagements-Abteilungen in der Umsetzung sein? Und wann werden diese Umsetzungen vollständig vollzogen sein?

- Inwieweit werden direkte Qualitätsmitarbeiter in der Zukunft noch benötigt, sodass nicht IT-Spezialisten die Aufgabenbereiche komplett übernehmen?

- Wird aufgrund der automatisierten Prozesse zur Einhaltung und Erreichung der Qualitätsanforderungen Personal in den Qualitätsabteilungen abgebaut?

Literaturverzeichnis

Artischewski, F. (2014). *Qualitätssicherung 4.0 : Anforderungen an die Qualitätssicherung im Kontext der Industrie 4.0,* Frankfurt: DGQ - Deutsche Gesellschaft für Qualität.

Bauernhansl, T. (2016). Wahrhaft revolutionär: Industrie 4.0 ändert alles - auch für das Qualitätsmanagement. *QZ Qualität und Zuverlässigkeit,* 1 August, Band 8, S. 12-13.

Benes, G. M. E. & Groh, P. E. (2017). *Grundlagen des Qualitätsmanagements.* (4. Auflage). Müchen: Carl Hanser Verlag.

Brüggemann, H. & Bremer, P. (2015). *Grundlagen Qualitätsmanagement.* (2. Auflage). Wiesbaden: Springer Vieweg.

Bruhn, M. (2013). *Qualitätsmanagement für Dienstleistungen.*(9. Auflage). Heidelberg: Springer Gabler.

DGQ. (2019). *DGQ - Deutsche Gesellschaft für Qualität.* Verfügbar unter: https://www.dgq.de/tag/quality-4-0/ (01.04.2021).

Ferber, M. (2015). *Qualitätsmanagement im Rahmen Industrie 4.0,* Ulm: TQU Group.

Fulga-Beising, S. (2019). *Qualität 4.0: Herausforderungen und Lösungsansätze.* Stuttgart: Frauenhofer IPA.

Geiger, W. & Kotte, W. (2008). *Handbuch Qualität.* (5. Auflage). Wiesbaden: Friedr. Vieweg & Sohn Verlag.

Herrmann, J. & Fritz, H. (2016). *Qualitätsmanagement: Lehrbuch für Studium und Praxis.* (2. Auflage). München: Carl Hanser Verlag.

Karst, M. (1992) Grundlagen der Expertensysteme. In: Methodische Entwicklung von Expertensystemen. DUV Wirtschaftswissenschaft. Deutscher Universitätsverlag, Wiesbaden. https://doi.org/10.1007/978-3-663-14584-4_1

Küpper, D., Knizek, C., Ryeson, D. & Noecker, J. (2019). *BCG.* Verfügbar unter: https://www.bcg.com/publications/2019/quality-4.0-takes-more-than-technology (02.04.2021).

Lieber, D. (2018). *Data Mining in der Qualitätslenkung am Beispiel der Stabstahlproduktion.* Veröffentlichte Dissertation an der Technischen Universität Dortmund Hrsg. Dortmund: Shaker Verlag.

Redaktion QZ. (2015). *QZ-online.* Verfügbar unter: https://www.qz-online.de/a/article/article-302884 (25.02.2021).

Refflinghaus, R., Kern, C. & Klute-Wenig, S. (2016). *Qualitätsmanagement 4.0 - Status Quo! Quo vadis?.* Kassel: Universität Kassel.

Schmitt, R. & Pfeifer, T. (2015). *Qualitätsmanagement: Stategien - Methoden - Techniken.* (5. Auflage). München: Carl Hanser Verlag.

Schueller, J.-K. & Dolan, J. (2020). *Rokin.* Verfügbar unter: https://www.rokin.tech/post/qualit%C3%A4t-4-0-5-wege-wie-neue-technologien-die-qualit%C3%A4tskontrolle-in-der-fertigung-ver%C3%A4ndern-k%C3%B6nnen (23.03.2021).

Stellman, A. & Greene, J. (2019). *Agile Methoden von Kopf bis Fuß.* Heidelberg: O'REILLY.

Anhangsverzeichnis

Anhang 1: Intelligente Fabrik, Produkte und Produktion

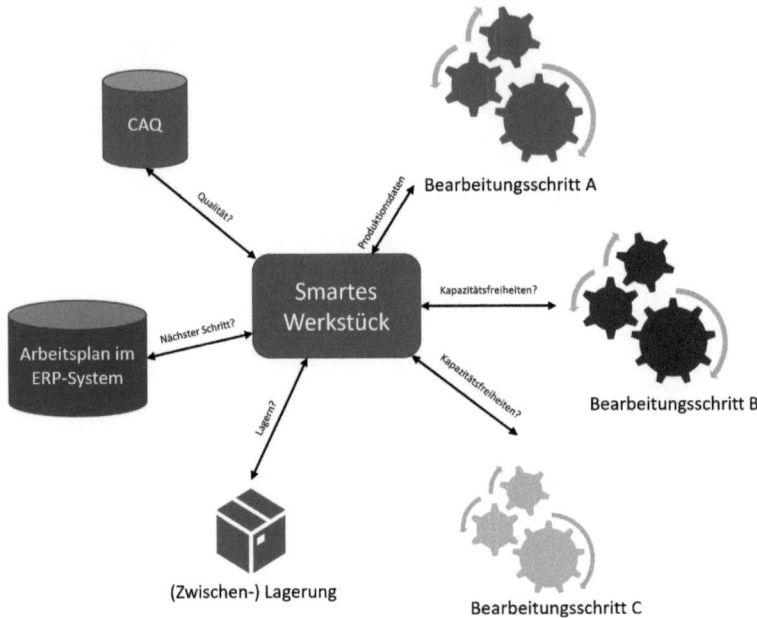

eigene Erstellung in Anlehnung an Fulga-Beising, 2019, S. 9

Jedes Produktionsstück in der Fertigung wird seinen eigenen Wertstrom haben.

Zu den Herausforderungen der intelligenten Produkten gehören:

- Integration von Sensoren/ Aktoren
- Kommunikation (Produkt mit Anschluss zum Internet)
- Funktionalitäten zu Datenspeicherung und Informationsaustausch
- Monitoring (selbständige Maßnahmen zur Steuerung) (Fulga-Beising, 2019, S. 9)

Zu den Herausforderungen der intelligenten Produktion gehören:

- Datenverarbeitung in Form der vollständigen Automation
- Maschine-zu-Maschine-Kommunikation (M2M)
- Unternehmensweite und übergreifende Vernetzung
- Infrastruktur in der Produktion (IKT)
- Mensch-Maschine-Schnittstelle (erweiterte und assistierte Realität)
- Effizienz in kleinen Losgrößen (Bauteilgetriebene, modulare Produktion in Wertschöpfungsnetzen) (Fulga-Beising, 2019, S. 8)

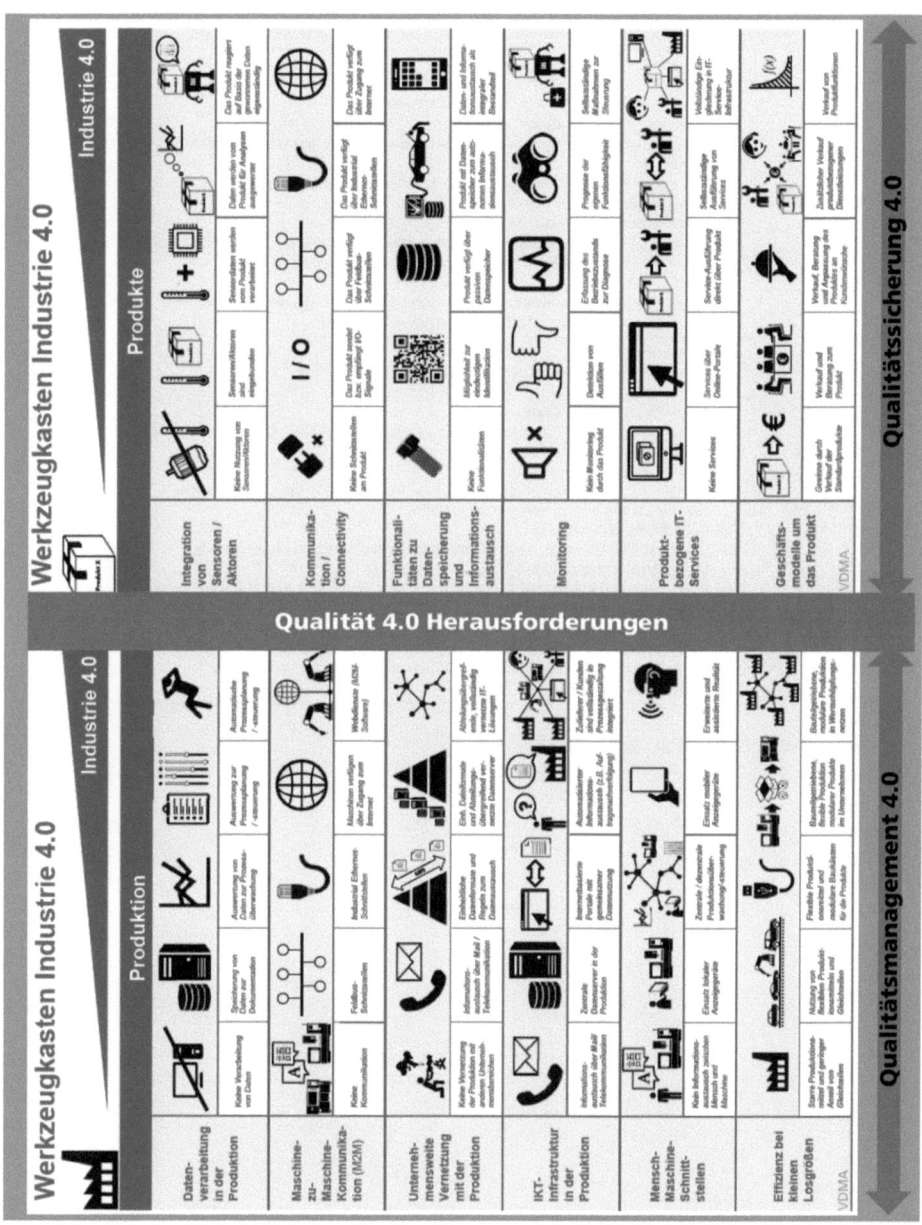

Quelle: Fulga-Beising, 2019, S. 7

Anhang 3: Chancen und Risiken im Rahmen von Industrie 4.0

Chancen und Risiken des Qualitätsmanagements im Rahmen von Industrie 4.0	
Chancen (Opportunities)	**Messtechnik** • Umfassende Dokumentationspflichten, die durch das Qualitätsmanagementsystem festgeschrieben sind **Kunden-/Partnerintegration** • Methodenunterstützung zur Analyse von Kundenwünschen und –interessen **Technologie** • Methodische Unterstützung ist zur Prozessverbesserung im Rahmen des Qualitätsmanagements vorhanden **Mensch/Personal/Führung** • Vorgabe im Qualitätsmanagementsystem von Qualitätszielen im Hinblick auf eine ständige und individuelle Weiterbildung von Mitarbeitenden **Gesetze** • TQM als organisationsweite Strategie unter Einbeziehung und Motivation aller Mitarbeitenden sowie Einhaltung gesetzlicher Vorgaben
Risiken (Threats)	**Messtechnik** • Mangelnde Berücksichtigung der Sensordatenunsicherheit von Prozessparametern **Kunden-/Partnerintegration** • Zu hohe Bindung und übermäßiger Einsatz von Ressourcen für den Einsatz von methodischen Analysen **Technologie** • Mangelnde systematische Erfassung spezifischer Merkmale des Prozesses hinsichtlich der wahrgenommenen Qualität **Mensch/Personal/Führung** • Die Mitarbeitenden sich nicht ausreichend für die neuen Aufgaben und zur Übernahme umfassender Tätigkeiten vorbereitet • Führungskräfte kennen die Anforderungen aus Industrie 4.0 nicht ausreichend, um das Leistungspotential richtig einzuschätzen **Gesetze** • Verbesserter Datenschutz und höhere Datensicherheit notwendig, zur Vermeidung eines „Abfangens" der Daten und einer damit verbundene Wirtschaftsspionage

Quelle: Refflinghaus, et al., 2016, S. 254